# 1ᵉʳ MAI 1836.



## ADRESSÉS AU ROI,

ET

## RÉPONSES DE SA MAJESTÉ.

# 1er MAI 1836.

## DISCOURS

## ADRESSÉS AU ROI,

### ET

# RÉPONSES DE SA MAJESTÉ.

# Paris.

## IMPRIMERIE ET FONDERIE DE FAIN,

RUE RACINE, 4.

1836.

# 1ᵉʳ MAI 1836.



## DISCOURS

## ADRESSÉS AU ROI,

### ET

## RÉPONSES DE SA MAJESTÉ.

DISCOURS DE M. LE COMTE D'APPONY, PORTANT LA PAROLE AU NOM DU CORPS DIPLOMATIQUE.

« SIRE ,

» Le Corps diplomatique, toujours empressé d'offrir à Votre Majesté ses hommages et ses vœux, saisit avec joie l'occasion de l'anniversaire de sa fête pour les lui faire agréer comme l'expression des sentiments personnels des souverains qu'il a l'honneur de représenter.

» L'Europe, témoin de la marche sage et éclairée que suit le Gouvernement de Votre Majesté, s'applaudit de l'ordre et de la prospérité dont la France lui est redevable ; elle y voit en même temps avec confiance un gage de la paix générale, objet constant des vœux de l'humanité et des efforts communs de tous les gouvernements. Ce bienfait est étroitement lié à la conservation des jours précieux de Votre Majesté ; nous la demandons avec ferveur à la Providence, et nous vous prions, Sire, de daigner croire à la sincérité des vœux que nous formons pour le bonheur inaltérable de Votre Majesté et de son auguste famille. »

## RÉPONSE DU ROI.

« Je suis bien sensible aux vœux que vous venez m'offrir au nom du Corps diplomatique ; il m'est doux de recevoir, par votre organe, cette nouvelle expression des sentiments personnels des souverains. Heureux et fier de la situation actuelle de la France, je rends grâce à la Providence qui, en couronnant mes efforts, m'a permis de concourir au maintien de cette paix générale, dont la volonté réunie de tous les gouvernements garantit de plus en plus la stabilité. C'est en continuant à suivre la même marche que nous verrons s'augmenter chaque jour la confiance dans l'avenir ; cette heureuse confiance qui, une fois bien établie, décourage les coupables espérances de ceux qui voudraient encore troubler le repos du monde, et assure aux nations cette sécurité qui est le meilleur gage de leur bonheur et de leur prospérité.

» Je suis bien touché du prix que vous attachez à la conservation de mes jours, et des vœux que vous formez pour ma famille et pour moi. »

---

Discours de M. le baron Pasquier, président de la Chambre des Pairs.

« Sire,

» Le Roi n'est pas seulement le chef de l'État, l'image vivante de la patrie, il en est le bienfaiteur et le père ; il représente pour chaque famille ce qu'elle aime, ce qu'elle vénère le plus : c'est pourquoi la fête du Roi est la fête de la France.

» Lorsque la Chambre des Pairs, en ce jour solennel, est admise devant vous, ses hommages ne s'adressent donc pas seulement au monarque entouré de l'appareil de la puissance, et le respect qu'impose la majesté royale n'est pas le seul sentiment qu'elle éprouve en s'approchant du trône. Ses émotions et ses vœux ont une source encore plus féconde, heureuse surtout de sa profonde conviction, que jamais prince, Sire, ne mérita mieux que vous la reconnaissance d'une nation et la faveur du ciel. M'accusera-t-on de trop anticiper sur l'histoire si, retraçant le cours de nos dernières années, je me permets de dire que le jour ne saurait manquer de venir, où cherchant parmi les noms qu'elle a décernés aux plus illustres de nos rois, le plus beau de ces noms, celui de Sage, ne pourra vous être refusé ; et dans quel temps, dans quelles circonstances, quand fut-il jamais plus glorieux de s'en être montré digne ? Que de difficultés à vaincre, que d'écueils à surmonter !

» Au dedans, vous avez résolu les deux plus grands problèmes de l'époque où nous vivons : l'union du pouvoir avec la liberté, l'existence incontestée, sous un gouvernement monarchique, de l'égalité voulue par la loi. Les jours d'épreuve n'ont pas manqué, et il n'en est aucun qui ait trouvé votre prudence en défaut, qui ait pu lasser votre patience, votre courage et votre générosité.

» Au dehors, la France se voit affermie dans le rang qui lui appartient au milieu des nations, et, sans qu'il en ait coûté ni larmes ni sang à nos familles, sa dignité, à laquelle elle met un si haut et si juste prix, a trouvé dans Votre Majesté le plus sûr des organes, parce que tout le monde sait qu'elle y aurait trouvé au besoin un solide défenseur.

» Faut-il s'étonner dès lors de cette masse d'assentiments, de ce concert de vœux qui s'élèvent et vous environnent de toutes parts ?

» Ces vœux, Sire, ont pour objet, non-seulement le succès de votre politique, non-seulement le triomphe des principes sur lesquels repose l'exercice de votre pouvoir tutélaire, mais encore le bonheur de Votre Majesté, ce bonheur que vous avez cherché dans le culte des vertus privées, avant de le trouver dans l'accomplissement des devoirs que le rang suprême impose.

» Jouissez donc, jouissez de la félicité que vous répandez autour de vous; jouissez de la sincère effusion avec laquelle nous appelons les bénédictions du ciel sur votre tête royale, sur l'auguste compagne que la Providence vous a donnée, afin que l'exemple de toutes les vertus descendît un jour du trône; sur vos fils, dont la jeunesse, glorieusement éprouvée, est si riche d'espérances, sur toute cette noble famille qui vous entoure.

» Vivez, Sire, pour la joie de ces êtres précieux; vivez aussi, vivez longtemps pour le bonheur de la France, pour la paix du monde et pour l'entier accomplissement des desseins de Dieu, sur cette grande et généreuse nation qui vous a confié sa destinée.

» Tels sont les vœux de la France, tels sont ceux de la Chambre des Pairs. Daignez, Sire, les agréer avec bonté. »

## RÉPONSE DU ROI.

« La Chambre des Pairs connaît depuis longtemps le prix que j'attache à son suffrage. Je suis heureux d'entendre d'elle que j'ai réussi dans mes constants efforts pour préserver mon pays des maux qui le menaçaient, et pour le faire jouir des avantages dont il est actuellement en possession. Je m'enorgueillis avec vous de voir la France occuper enfin la haute position sociale qui lui appartient, et dont la meilleure garantie est l'honorable exemple qu'elle donne à toutes les nations, de la pleine et entière exécution des lois qui la régissent, et des rapides progrès que le calme et le repos dont elle jouit font faire à sa prospérité. J'aime à reconnaître combien l'appui que m'a donné la Chambre des Pairs a facilité l'accomplissement de cette grande tâche. Mais pour conserver ces heureux résultats, il ne faut pas nous relâcher dans notre vigilance, et il faut convaincre ceux qui voudraient encore entreprendre de troubler la paix publique, que leurs tentatives seraient impuissantes et que la France est toujours prête à les réprimer. C'est ainsi que nous pourrons prévenir le retour de ces jours d'épreuves dont vous m'avez rappelé le douloureux souvenir, et que nous aurons le bonheur de voir la France jouir en paix des succès qu'elle a obtenus. Je suis heureux d'entendre la Chambre des Pairs m'en attribuer une partie.

» C'est au nom de ma famille et au mien que je vous remercie des vœux que vous m'apportez. Je suis profondément touché de tous les sentiments que vous m'avez exprimés. »

---

Discours de M. Dupin, président de la Chambre des Députés.

« Sire,

» La fête du Roi est aussi la nôtre ; et chaque fois que revient cet heureux jour, vous voyez la Chambre des Députés vous entourer de ses souhaits pour la gloire et le bonheur de votre règne.

» Sire , la chambre est solidaire avec Votre Majesté : supé-, rieure aux calculs étroits des ambitions individuelles, uniquement préoccupée des intérêts généraux du pays , elle s'associe de plein cœur à toutes les grandes pensées du Roi; à ses courageux et constants efforts pour faire respecter les lois, pour consolider nos institutions , et pour assurer à la nation la jouissance paisible des droits sur lesquels reposent sa dignité morale et sa liberté. Nous marchons au même but.

» En présence d'un si parfait accord, Sire, on conçoit que les factions soient déconcertées ; aucune d'elles ne peut plus conserver l'espoir de détruire l'ordre si laborieusement, mais si solidement établi. Les utopistes , quels qu'ils soient, doivent comprendre nettement que le pays ne veut ni se laisser imposer par le tumulte et les clameurs de la place publique , ni s'abandonner à cet esprit de système qui brave la puissance des faits, et qui, sous le mysticisme calculé d'obscures théories , couvre souvent de funestes doctrines , et nourrit de fatales pensées !....

» Amie d'un progrès sage et mûrement réfléchi, désenchantée de beaucoup d'illusions , éclairée par tous les genres d'essais et d'expériences, on ne verra point notre France se précipiter avec ceux qui tenteraient de l'entraîner dans de périlleux hasards ; pas plus qu'elle ne voudrait voir confier ses destinées à des hommes qui prétendraient vouloir la ramener en arrière, et lui rendre un régime qu'il a fallu combattre et renverser.

» Des lois *utiles* auront marqué cette session ; des lois destinées à multiplier nos voies de communication intérieure, à étendre nos relations commerciales avec l'étranger, en même temps qu'elles protégent, au milieu de nous, les productions de notre sol, le travail de nos ouvriers, l'industrie de nos fabriques. Le pays , je l'espère , nous en saura gré ; il bénira le règne dont la longue durée, objet de tous nos vœux , verra réaliser toutes les améliorations que les hommes éclairés, que les vrais patriotes peuvent raisonnablement désirer !

» Sire, Votre Majesté nous garantit le présent; et, même dans le lointain, l'avenir de la France est assuré par ces jeunes princes, imbus de vos leçons, grandis par vos exemples, nobles *enfans de l'Etat*, que la patrie voit croître avec orgueil, et qu'elle peut, avec une égale confiance, offrir dès à présent à ses amis, et, s'il en était besoin, à ses ennemis. »

## RÉPONSE DU ROI.

« Je suis bien sensible aux vœux de la Chambre des Députés. Je me réjouis de lui entendre renouveler l'assurance de cette union, si heureuse, si nécessaire, si avantageuse à la France et si chère à mon cœur. Oui, Messieurs, c'est au généreux concours que j'ai trouvé en vous que je dois l'avantage d'avoir pu être utile à mon pays, d'avoir pu l'amener à cet état de prospérité que votre président vient de si bien décrire, et surtout à cet état de sécurité morale et matérielle qui fait qu'aujourd'hui nous n'avons plus rien à craindre, ou plutôt que nous n'avons plus qu'à déconcerter l'audace de ceux qui se flatteraient encore de nous inspirer des craintes. La France jouit enfin de cette confiance en elle-même qui facilite le développement de tous ses moyens de puissance et de prospérité, et qui est un des plus heureux résultats que nous puissions obtenir. Je vous remercie du concours que j'ai toujours trouvé en vous; vous savez combien j'apprécie les sentiments que vous m'avez témoignés dans toutes les occasions. Ceux que vous venez de me manifester pour mes enfants en sont un nouveau gage; ils sont pour moi un nouveau sujet de reconnaissance. Mes fils s'en montreront dignes; ils marcheront sur mes traces, et dans l'union qu'ils maintiendront entre les trois grands pouvoirs de l'État, la France trouvera des garanties certaines de ses libertés, du règne des lois et de l'exercice plein et entier de tous les droits de la nation. Je ne suis monté sur le trône que pour les défendre, et je dis avec bonheur que je les ai tous défendus. Assistés par vos successeurs ou par vous-mêmes, mes fils me suivront dans cette noble carrière. J'anticipe avec confiance leurs succès et les vôtres, et j'espère qu'un jour la France dira de nous que nous avons bien mérité d'elle, et que nous avons rempli tout ce qu'elle attendait de nous. »

---

Discours de M. Sauzet, garde des sceaux, au nom du<br>Conseil d'état.

« Sire,

» Le Conseil d'état vient offrir à Votre Majesté l'hommage de ses respectueuses félicitations.

» Chaque année, la France a vu marquer par de nouveaux progrès l'affermissement de votre trône et de son repos, mais jamais la fête du roi des Français ne reçut de la prospérité publique une plus éclatante consécration.

» Votre règne, le règne des lois, l'avenir de nos institutions, sont désormais inébranlables ; ils n'ont plus qu'à poursuivre leurs développements.

» Sire, pendant que les grands corps de l'État délibèrent, avec tant de calme et de maturité, sur les améliorations qui importent à la nation, le Conseil d'état apporte au Gouvernement de Votre Majesté le concours de son zèle persévérant. A mesure que les passions s'apaisent, le pays apprécie mieux l'ensemble de ces grands travaux qui secondent toutes les parties de l'administration, et concourent puissamment à la préparation et à l'exécution des lois.

» Sire, votre auguste suffrage a souvent encouragé ses efforts; c'est par des efforts nouveaux qu'il espère le mériter.

» Aujourd'hui, Sire, il n'a que des vœux à associer à la reconnaissance nationale.

» Puisse Votre Majesté jouir longtemps de l'éclat de cette solennité si digne de son cœur paternel, car elle rapproche tous les Français autour de son trône; et en leur rappelant cette haute sagesse qui sait comprendre tous les besoins et répondre à tous les temps, elle ouvre devant eux une ère de prospérité, de concorde et de paix, et devient ainsi de plus en plus une date précieuse pour la nation.

» Sire, tels sont nos souhaits pour la durée de votre règne et pour l'avenir de votre royale famille, que l'amour, les vœux et les intérêts de la France sont accoutumés à ne jamais séparer de votre personne. »

## RÉPONSE DU ROI.

« Le témoignage que vous rendez au succès de mes efforts me cause une vive satisfaction. Placé comme il l'est, composé d'hommes aussi éclairés, le Conseil d'état est à portée de juger, non-seulement du progrès de la prospérité publique, mais aussi du progrès que nous faisons dans ce qui en forme la base la plus sûre et la plus essentielle, l'exacte, l'impartiale, l'équitable exécution des lois. C'est par leur empire que les États peuvent fonder leur prospérité; c'est en les exécutant, en les faisant exécuter, avec une juste, mais sage modération, que nous sommes parvenus à rendre au pays la tranquillité qu'il a été si près de perdre, à assurer à la fois sa sécurité intérieure et sa considération extérieure, et à placer ainsi la France dans la position qu'elle avait droit d'attendre de moi, et que mon dévouement n'avait d'autre but que de lui assurer. Je vous remercie des efforts constants que vous avez faits pour m'aider dans cette grande tâche. Je vois avec plaisir que vous croyez comme moi qu'elle deviendra chaque jour plus facile ; mais si, ce qu'à Dieu ne plaise ! de nouveaux dangers, de nouvelles nécessités réclamaient votre courageuse assistance, et ce zèle infatigable dont vous m'avez donné tant de preuves, je les réclamerais alors avec autant de confiance qu'aujourd'hui j'aime à vous en remercier. »

Discours de M. le comte Portalis , premier président de la Cour de Cassation.

« Sire ,

» Les magistrats de la Cour de Cassation, conduits au pied du trône de Votre Majesté par le besoin d'unir à l'unanime expression des vœux et de la reconnaissance du pays l'expression respectueuse de leurs propres sentiments, éprouvent une vive satisfaction en songeant que cette année aucune pénible circonstance ne vient troubler la célébration de cet heureux anniversaire.

» A l'aspect consolant que la France offre à nos yeux, comment pourrions-nous, Sire, ne pas jeter un regard en arrière ?

» Une violente tempête avait bouleversé l'ordre politique et ébranlé l'ordre social. Votre Majesté est apparue ; elle a étendu son sceptre modérateur au milieu du choc des partis, et de cette fermentation menaçante qui accompagne les grands changements des Etats. Une politique à la fois ferme, libérale et conciliante a rallié les bons citoyens et préservé nos institutions : elle a mis un terme aux dangereuses pratiques de ces ligues secrètes qui s'efforçaient de substituer leur domination à l'empire de la volonté générale ; elle a restitué aux lois le ressort inviolable qui leur est dû, et les lois ont repris leur autorité tutélaire. Grâce à une inébranlable persévérance, les délits qui menaçaient le plus audacieusement l'ordre public n'ont pas manqué de juges, et le cours de la justice, que l'esprit de perturbation menaçait d'entraver, a cessé d'être interrompu.

» Nous devons l'espérer, Sire, l'époque des luttes violentes est passée. Les opinions hostiles à la constitution du royaume ne se produiront plus les armes à la main. Secondés par cette Providence propice qui veille aux destinées des peuples et leur envoie à chacun en leur temps, avec les révolutions qui divisent, détruisent et renouvellent, les chefs qui réconcilient et reconstituent, les efforts constants de Votre Majesté ont fait succéder pour toujours, nous en avons une ferme confiance, aux secousses convulsives de l'anarchie, le mouvement régulier et vital du gouvernement représentatif.

» Sire, la vigilance de votre Gouvernement saura maintenir, sous vos auspices, ce qui a été si laborieusement acquis. L'action journalière d'une administration paternelle manifestera de plus en plus, à tous les Français, les avantages de cette organisation des pouvoirs publics qui, seule, adaptée à l'état actuel de la société, peut nous conserver du passé ce qu'il faut en retenir, garantir le présent et assurer notre avenir. Sous les prévoyantes inspirations de Votre Majesté, ces doctrines salutaires, qui sont les plus sûres auxiliaires de l'ordre public et des lois, pénétreront insensiblement dans tous les esprits, et recouvreront peu à peu leur vivifiante influence.

» Sire, ce qui vous reste à faire est digne de Votre Majesté,

et Votre Majesté a prouvé qu'elle était digne de l'accomplir.
Les forces ne sauraient vous manquer, Sire; Votre Majesté les
puise dans son courage et dans son amour pour le bien public :
comment d'ailleurs n'en trouverait-elle pas chaque jour de
nouvelles, au sein de cette vie de famille qui retrempe si rare-
ment l'âme des rois, et que la Providence divine semble
vous avoir ménagée, par une disposition spéciale, pour tem-
pérer par des consolations si puissantes et si sensibles, les amer-
tumes inséparables, dans des temps semblables au nôtre, des
sublimes fonctions de la royauté ?

» Ah! puissent, Sire, les vertus de l'auguste princesse qui
partage avec Votre Majesté la royale prérogative de secourir et
de consoler l'infortune, la tendre affection d'une noble sœur
qui sait si bien s'associer à tous les mouvements de votre cœur,
l'amour de ces jeunes princes et de ces charmantes princesses,
brillante espérance des années futures, qui florissent autour de
vous dans tout l'éclat de leur bel âge, ornés des plus aimables
et des plus précieux dons, soutenir longtemps Votre Majesté
dans sa difficile carrière, et concourir ainsi, en rafraîchissant
votre âme et la délassant des soucis qui assiégent le trône, à
prolonger les jours d'un prince si nécessaire à la consolidation
de tout le bien qui aura signalé son règne !

## RÉPONSE DU ROI.

« J'en accepte l'augure de tout mon cœur. La Providence, qui m'a couvert de son égide dans un moment
de douloureux souvenir, continuera à veiller sur ma
famille. Ces jours de deuil, d'émotions, d'agitations
sont passés, et j'espère, comme vous, que la marche
constante et régulière de mon Gouvernement continuera à en préserver le pays. La France doit la paix
dont elle jouit à l'union de tous les bons citoyens, au

concours des Chambres et à celui des magistrats. C'est cet heureux accord qui inspire à la nation le respect de l'autorité, et qui donne en même temps à l'autorité, par la confiance dont il l'entoure, la force nécessaire pour protéger la liberté publique, en assurant le maintien de l'ordre et la paisible exécution des lois. Espérons que la jouissance de ces grands avantages les fera apprécier de plus en plus ! Je vous remercie du tableau si touchant et si flatteur pour moi que vous m'avez tracé de mes longs et pénibles efforts pour réprimer les agitations, pour défendre nos institutions et pour calmer les passions politiques, en éclairant les peuples sur leurs véritables intérêts. J'aime à vous dire que je partage votre confiance sur la stabilité des heureux résultats que nous avons obtenus. Unissons-nous pour en bénir la Providence. Je ne puis assez vous exprimer combien je suis touché des paroles que vous venez de m'adresser. »

---

Discours de M. Barthe, premier président de la Cour des comptes.

« Sire,

« Lorsque les lois sont partout obéies et respectées, lorsque leur autorité morale grandit avec les principes d'ordre que votre Gouvernement a mis en honneur, la France, qui jouit en paix de ses institutions, aime à diriger vers vous les expressions de son amour et de sa reconnaissance.

» Heureuses les nations libres qui croient à la stabilité du pouvoir, et qui, lisant avec confiance dans l'avenir, sont pé-



2

nétrées du sentiment d'une sécurité de jour en jour plus profonde! Heureux les princes qui, par leurs vertus et leur sagesse, sont parvenus à faire régner dans les populations ces pensées salutaires, ces convictions conservatrices! Puissiez-vous, Sire, vivre longtemps, pour voir se développer sous vos yeux tout ce que porte de prospérité et de véritable grandeur, cette sécurité qui devient votre ouvrage!

» La magistrature n'est point étrangère à ce progrès; vous aimez à trouver en elle ce concours qui assure l'ordre par les lois.

» Sire, la cour des Comptes sert efficacement à maintenir l'ordre dans les finances; elle a pour mission de veiller à l'exécution des lois, en ce qui concerne la perception de l'impôt, et l'application des deniers de l'État aux dépenses publiques; par le contrôle qu'elle exerce sur tous les mouvements de la fortune publique, elle donne au Roi, aux Chambres, à la France entière, la certitude que l'État profite seul des sacrifices qui ne sont faits que pour lui.

» Puissions-nous, Sire, dans l'accomplissement de cette mission, mériter chaque jour davantage votre bienveillance royale! c'est la plus précieuse récompense pour des magistrats sincères, dévoués à votre auguste personne et à votre dynastie. »

## RÉPONSE DU ROI.

« Je vous remercie de l'expression de ces sentiments. Je suis accoutumé à l'entendre de votre part; mais j'aime toujours à vous répéter combien j'y suis sensible. J'apprécie les grands travaux de la cour des Comptes : ce sont eux, comme vous le dites, qui donnent à la nation l'assurance que les deniers publics sont employés consciencieusement aux divers services publics, et que,

dans notre régime actuel il ne peut y avoir ni erreur,
ni inexactitude, ni encore moins, j'ai même de la peine
à en prononcer le mot, ni encore moins de concus-
sions, qui ne fussent promptement signalées. De là
résulte nécessairement une confiance qui augmente la
force du Gouvernement, et qui contribue puissamment à sa stabilité, à cette stabilité qui fait le déses-
poir des agitateurs, parce qu'elle leur enlève un de
leurs principaux moyens d'action, celui de se faire
craindre en montrant toujours, dans un avenir plus
ou moins rapproché, la perspective de leur triomphe
et la terreur de leurs vengeances; car les factions sont
promptement réduites à l'impuissance, quand une fois
on ne croit plus à leur succès. J'espère, avec vous,
que nous sommes arrivés à cet utile résultat; et
j'aime à reconnaître la part que les magistrats ont eue
à l'assurer à la France, par l'appui qu'ils ont prêté à
mon Gouvernement. »

---

Discours de M. le baron Pelet ( de la Lozère ), ministre de
l'instruction publique, au nom du Conseil royal de l'instruction publique.


« Sire,

» J'ai l'honneur de présenter à Votre Majesté le Conseil royal
de l'Instruction publique, et de lui offrir, en son nom et au
nom de l'Université, les félicitations que ce jour autorise. Oui,
Sire, nous félicitons Votre Majesté, et le pays avec elle, de la
protection dont la Providence a continué de la couvrir ainsi

que son auguste famille. Nous la félicitons aussi du calme qui commence à renaître, après tant d'orages, au sein de la grande famille française. Nul, plus que nous, ne salue avec joie cette ère de paix, favorable au progrès des sciences et des lettres. Chargés de présider à l'éducation de la jeunesse, nous sommes heureux de penser qu'elle pourra se livrer sans trouble à ses paisibles études, et que le funeste exemple des discordes civiles ne lui sera plus donné. Grâces vous soient rendues de ce meilleur avenir! Nous nous efforcerons, Sire, d'asseoir sur une base solide la paix publique, en préparant les générations nouvelles à l'accomplissement de leurs devoirs par l'éducation morale et religieuse que nous avons mission de leur donner, heureux si nous pouvons réussir dans cette noble tâche et remplir les intentions paternelles de Votre Majesté! »

## RÉPONSE DU ROI.

« Rien n'est plus propre à consolider l'œuvre que nous avons défendue avec tant de persévérance, et, j'ose le dire, avec tant de succès, que le bon esprit de la jeunesse. Il importe beaucoup, pour l'avenir de la France, que les factions ne trouvent plus en nos jeunes gens des défenseurs et des dupes de ces dangereuses illusions qu'elles cherchent encore à propager, et surtout qu'on ne puisse plus prétendre que les générations croissantes sont disposées à seconder leurs sinistres projets. Tâchons de donner à la jeunesse le sentiment de ses devoirs et la connaissance de ses véritables intérêts, et il sera bien plus facile d'assurer le bien-être de la France, et de la préserver de ces chances hasardeuses qui l'ont tant de fois compromise. Vous savez combien j'apprécie les travaux et le zèle du Conseil royal de l'Instruction publique, et je vous remercie des vœux que vous m'offrez en son nom pour ma famille et pour moi. »

---

Discours de M. le baron Séguier, premier président de la Cour royale.

« Sire,

» Celui qui a tout fait pour la France, en faisant beaucoup pour son Roi, a même pris soin de la fête de Louis-Philippe. Il a choisi pour elle dans l'année l'époque des espérances.

» Ne croyez cependant pas, Sire, que les sentiments manifestés aujourd'hui soient passagers, qu'ils aient besoin du mois de mai pour renaître; ils survivent à votre fête comme ils l'ont devancée.

» Veuillez donc accueillir nos hommages constants avec la bonté qui vous caractérise, que vous tenez de celui des rois vos aïeux dont le peuple préfère encore la mémoire.

» Nos souhaits habituels, vous le savez, Sire, sont pour que rien ne manque à votre satisfaction : ils deviennent heureux pour nous-mêmes, lorsqu'ils peuvent faire cortége aux souhaits que la tendresse forme à vos côtés, que la piété élève des marches du trône. En se plaçant sous ce patronage auguste et gracieux, la Cour royale se flatte d'arriver jusqu'au cœur de Votre Majesté. »

## RÉPONSE DU ROI.

« De tels vœux ne peuvent manquer d'arriver à mon cœur. Je vous remercie de ces sentiments, dont il m'est bien doux d'entendre chaque année renouveler l'expression. Ils me sont doublement agréables en ce moment, puisque nous n'avons plus qu'à nous féliciter de l'état prospère de la France. Cette prospérité, but constant de mes efforts, est la plus douce récompense que je puisse recevoir. »

---

### Discours de M. le comte Siméon, au nom de l'Institut.

« Sire,

» Beaucoup d'espérances reposent sur la tête des rois. Heureux celui qui les réalise! Plus heureuse la nation qui en recueille les fruits!

» Si, au mépris de son repos et de mille périls, il a accepté la couronne, pour empêcher sa patrie de retomber dans la république et dans l'abîme de maux qu'elle avait ouvert; si, dans des circonstances difficiles et dans un ébranlement dont toute l'Europe redoutait les suites, la rassurant par sa sagesse, il a maintenu la paix extérieure; si au dedans il a dissipé les émeutes, imposé silence aux factions, encouragé le commerce et l'industrie, protégé les arts; si sa constance fut éprouvée dans le malheur et l'exil, s'il s'est montré calme et intrépide dans un danger plus grand que ceux de la guerre; s'il a joint aux vertus publiques et politiques les vertus privées et domestiques d'un excellent citoyen et d'un bon père de famille, sa fête ne sera point une vaine pompe de cour; elle sera la fête d'un peuple fier des qualités de son Roi et reconnaissant des biens qu'il en a reçus, présage de ceux qu'il en recevra encore.

» Dans cette fête, Sire, l'Institut vient mêler sa voix aux acclamations publiques, renouveler ses vœux pour la prolongation des jours de Votre Majesté, et pour que pendant de longues années, à chaque retour de cette époque, la France puisse se féliciter avec vous de la stabilité que le temps, utile auxiliaire de vos soins assidus, aura donnée à l'union constitutionnelle de la liberté et de la monarchie. »

## RÉPONSE DU ROI.

« C'est à maintenir l'union salutaire de la monarchie et de la liberté que tendent tous mes efforts. Trop longtemps, selon moi, on les a crues incompatibles ; et au contraire, la triste expérience des temps orageux que nous sommes assez vieux, vous et moi, pour avoir traversés, m'a conduit à l'opinion qu'elles étaient solidaires, et qu'avec le haut degré de civilisation auquel la France est parvenue, elles avaient besoin de leur appui mutuel, et ne pouvaient plus l'une sans l'autre résister aux attaques de la violence des passions. En me dévouant pour conserver à mon pays les institutions qui nous régissent, je n'ai fait que mon devoir, et je suis assez récompensé par le bonheur de le voir en possession de tous les avantages que j'ai voulu lui garantir. C'est dans l'état de paix, de repos et de sécurité dont la France jouit aujourd'hui, que les sciences, les arts et les lettres que vous cultivez avec tant de succès, pourront obtenir de nouveaux développements. La France s'honore des progrès que vous leur avez déjà fait faire ; et en continuant à apporter dans vos grands et utiles travaux cet esprit d'investigation et de persévérance qui vous distingue, vous éleverez les connaissances humaines à un degré qu'elles sont encore loin d'avoir atteint, et qui ajoutera un nouvel éclat à la gloire de notre patrie. »

------

DISCOURS DE M. LE COMTE RAMBUTEAU , AU NOM DU CORPS MUNI-
CIPAL DE LA VILLE DE PARIS.

« SIRE ;

» Le Corps municipal de Paris est heureux de vous apporter aujourd'hui, avec l'hommage de son respect, des actions de grâces pour l'état de calme et de prospérité dont la capitale et le pays jouissent, sous la tutélaire administration de Votre Majesté.

» Votre prudence et votre dignité, Sire, ont maintenu la paix au dehors; votre fermeté et votre patience ont raffermi l'ordre à l'intérieur; la confiance inspirée par votre haute sagesse donne au commerce et à l'industrie un essor inespéré; l'instruction se répand; les mœurs publiques s'améliorent sous l'influence de l'exemple offert par le Roi et par la plus vertueuse famille qui ait jamais entouré un trône. Sire, acceptez l'expression de la reconnaissance et de l'orgueil de votre ville natale.

» D'autres organes, Sire, auront l'honneur d'exprimer à Votre Majesté les sentiments que partage avec nous la France entière. D'autres vous parleront au nom de l'Europe, et vous diront le respect et la confiance qu'inspire partout la forte et sage intelligence de Votre Majesté : ils vous diront le désir qu'on a de votre amitié; ils vous diront l'empressement où l'on est de voir et de connaître deux princes dont le nom a déjà retenti avec honneur; deux princes élevés parmi nos enfants, et attachés de cœur, comme leur père, aux institutions de notre monarchie constitutionnelle ; deux princes, enfin, que les autres nations ne verront pas sans envier l'avenir de la France.

» Pour nous, placés plus près de Votre Majesté et de son auguste famille, souffrez, Sire, que nous jouissions aussi de ces vertus privées, qui donnent à l'intérieur d'un palais le charme de la maison d'un sage. Accueil paternel, tendre bienfaisance, bonté, grâces, indulgence, union, comment ne pas aimer ce qui touche le cœur si avant? Ah! Sire, laissez-nous répéter que Paris vous aime, et que ses vœux les plus chers sont pour votre bonheur et votre gloire. »

## RÉPONSE DU ROI.

« Rien ne m'est plus agréable à entendre : c'est à la fois le vœu et le besoin de mon cœur. La ville de Paris sait combien je l'aime. Né dans son sein, longtemps absent, longtemps privé de la consolation, de l'espérance de pouvoir y revenir, j'ai béni le jour où j'ai revu mes foyers, où je suis rentré dans Paris. Aujourd'hui, il m'est doux de penser que j'ai pu être utile à cette grande cité, que je suis parvenu à la préserver des agitations qui l'ont si longtemps troublée, et à lui rendre cette paix et cette sécurité, si nécessaires non-seulement à son bonheur, mais à celui de la France entière. L'influence morale de la ville de Paris est immense ; il importe donc essentiellement d'y maintenir l'ordre, le calme et la bonne harmonie entre tous. Ce soin est dévolu à cette brave garde nationale, qui, assistée de nos braves troupes de ligne, veille sans cesse sur nos destinées. Ce sont elles qui, en garantissant la sécurité de la ville de Paris, garantissent aussi celle du

Trône, et paralysent les factions qui pourraient encore tenter de nous agiter. Je vous remercie, je remercie tous mes concitoyens de ce grand service qu'ils ont rendu à la patrie. J'apprécie le zèle, le patriotisme, le dévouement avec lesquels ils ont secondé mes efforts. Mais heureusement ces temps d'orages sont passés, et avec votre courageuse assistance il est devenu facile d'empêcher qu'ils ne se reproduisent. C'est en nous maintenant dans la même voie, c'est en continuant votre sage et utile surveillance, que nous préviendrons le retour de ces calamités, et que nous écarterons jusqu'à la crainte de les voir renaître. Je suis bien touché des vœux que vous formez pour ma famille et pour moi. L'affection que je porte à la ville de Paris est gravée dans mon cœur, ainsi que ma reconnaissance pour celle qu'elle me témoigne. »

M. le préfet ayant ensuite présenté à Sa Majesté les conseils municipaux de la banlieue, le Roi leur a dit :

« Dans les crises que nous avons eu à traverser, la banlieue a toujours été des premières à manifester son zèle, son patriotisme et son affection pour moi. Je me rappelle avec une profonde émotion l'élan de votre brave garde nationale, lorsque je parcourais ses rangs à pied, au milieu de vous tous, et que vous m'entouriez de vos serments de défendre le Trône et nos institutions alors attaquées. Ces serments, vous les avez tenus glorieusement, et le succès a couronné vos généreux efforts. Aujourd'hui que ces temps d'orage sont déjà loin de nous, nous jouissons en paix des avantages

que nous avons conquis, et tout nous présage la durée
de cet état de calme et de sécurité qui vous donne la fa-
culté de développer vos industries, d'augmenter la
richesse de vos campagnes, et de jouir au sein de vos
familles de ce repos et de ce bonheur que vous avez si
bien mérités. »

DISCOURS DE M. DEBELLEYME, PRÉSIDENT DU TRIBUNAL DE PRE-
MIÈRE INSTANCE DE LA SEINE.

« SIRE,

» Vos fidèles magistrats attendent toujours avec désir ce moment de renouveler à Votre Majesté l'hommage de leur respectueux dévouement.

» Nous vous devons, Sire, la paix et la prospérité, et vous
seul pouviez nous en assurer les bienfaits ; mais, si notre sécurité est grande dans votre prévoyante sagesse, le souvenir des
dangers reste pour mieux sentir l'étendue de notre reconnaissance et le devoir impérieux d'en prévenir le retour.

» Votre dévouement, Sire, a triomphé des obstacles. Vous
jouirez longtemps, selon nos vœux, du bonheur des Français. »

## RÉPONSE DU ROI.

« Ce serait ma plus douce récompense. J'ai entendu
avec grand plaisir l'expression de vos vœux, et je suis
bien touché des sentiments que vous venez de me manifester. C'est à l'appui que m'ont prêté les magistrats, c'est au concours de tous les bons citoyens, que

nous devons attribuer les heureux résultats que nous avons obtenus. Puisse la France jouir longtemps de cet état de repos, de bonheur et de sécurité qui a été l'objet constant de mes vœux et de mes efforts! »

---



« Sire,

» La fête d'un bon Roi est la fête du peuple ; car le peuple voit en lui le gardien des lois, le défenseur de l'ordre, le garant de la liberté ; et si le peuple doit à son prince la jouissance de ces biens, en échange il l'entoure de sa reconnaissance, le couvre de ses bénédictions et partage les sentiments de sa famille pour lui.

» Voilà, Sire, pourquoi tous les corps de l'État se présentent aujourd'hui autour de Votre Majesté ; voilà pourquoi nous sommes heureux et fiers de nous associer à tant de félicitations et d'hommages.

» Heureux, Sire ; car c'est un vrai jour de fête pour nous, celui où nous pouvons exprimer à Votre Majesté des sentiments que partage le commerce de Paris, où, accueillant avec sa bonté ordinaire et nos vœux et les siens, Votre Majesté daigne nous adresser quelqu'une de ces bonnes paroles qui sont un encouragement de nos efforts et de notre zèle dans nos modestes fonctions.

» Nos vœux, Sire, ils appellent toutes les bénédictions du ciel sur vous, sur notre belle France, sur cette noble famille, qui vous sont également chères, et sans le bonheur desquelles il ne saurait être de bonheur pour Votre Majesté. »

## RÉPONSE DU ROI.

« Je suis heureux d'entendre les paroles que vous m'adressez, et l'expression de vos sentiments va droit à mon cœur. Vous êtes, plus que personne, à portée de juger de notre prospérité commerciale. Je vois avec une grande satisfaction que, grâce à la confiance qui résulte de l'état de calme et de paix dont nous jouissons, le commerce devient chaque jour plus florissant. Nous pouvons donc nous flatter que nous n'avons plus à redouter les crises que le commerce a éprouvées dans les temps difficiles dont nous sommes enfin sortis. Mais au moins que cette triste expérience ne soit pas perdue! et que le souvenir de ces crises commerciales, qui ont fait tant de malheureux, reste dans notre mémoire, et qu'elles deviennent pour nous des leçons vivantes qui nous apprennent à prévenir le retour de semblables désastres! »

M. le Maréchal comte de Lobau, commandant de la garde nationale, a dit au Roi :

« SIRE,

» Nous avons l'honneur de réitérer à Votre Majesté l'hommage de nos vœux pour sa conservation, et l'assurance de notre respectueux dévouement; elle daignera encore accueillir nos sentiments avec cette flatteuse bienveillance qui est notre plus digne récompense. »

## RÉPONSE DU ROI.

« Je suis bien sensible, mon cher maréchal, à l'expression de vos vœux. Vous savez quel plaisir j'éprouve à recevoir la garde nationale, à vous voir à sa tête, ainsi que son digne chef d'état-major et les officiers qui vous entourent. J'aime à remercier, en votre personne, la garde nationale du zèle et du patriotisme avec lesquels elle remplit ses importantes et fatigantes fonctions; j'aime à la féliciter de tout ce qu'elle a fait pour nous garantir le bienfait de la tranquillité publique, et la paisible jouissance de tous les avantages dont nous sommes en possession aujourd'hui. Tout nous présage un avenir de calme et de sécurité ; mais n'oublions pas que le meilleur moyen de l'assurer, c'est de ne pas ralentir nos efforts, et que notre premier devoir est de nous tenir toujours prêts à répondre à la voix de la patrie, lorsqu'elle nous rappelle sous les drapeaux. »